Impressum
Verlag: BABADADA GmbH, Nedderfeld 112 , 22529 Hamburg
Geschäftsführer / Verlagsleitung: Harald Hof
Druck: Books on Demand GmbH, In de Tarpen 42, 22848 Norderstedt

Imprint
Publisher: BABADADA GmbH, Nedderfeld 112 , 22529 Hamburg, Germany
Managing Director / Publishing direction: Harald Hof
Print: Books on Demand GmbH, In de Tarpen 42, 22848 Norderstedt

l'école
dibistan

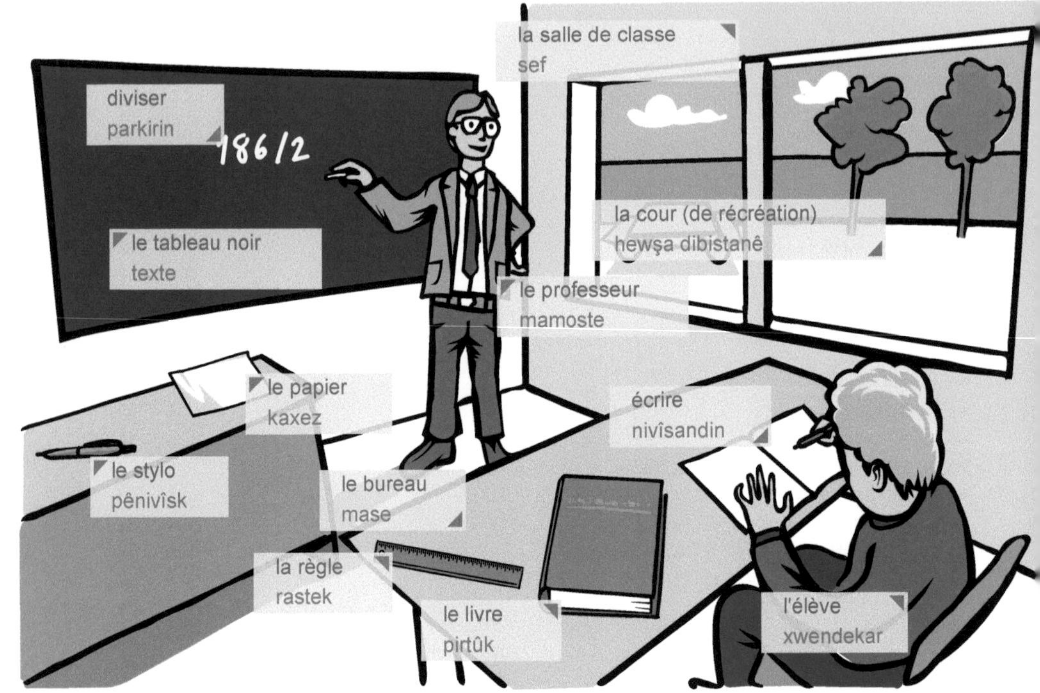
la salle de classe
sef
diviser
parkirin
186/2
le tableau noir
texte
la cour (de récréation)
hewşa dibistanê
le professeur
mamoste
le papier
kaxez
écrire
nivîsandin
le stylo
pênivîsk
le bureau
mase
la règle
rastek
le livre
pirtûk
l'élève
xwendekar

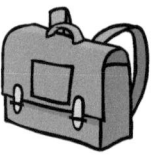

le cartable

çewal

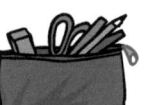

la trousse

qûtî nivîstok

le crayon

qelemrisas

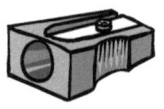

le taille-crayon

nivîstok tûjkir

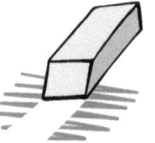

la gomme

jêbir

le carnet à dessin

nivîska nîgarê

le dessin
nîgar

le pinceau
firçeya rengê

la boîte de peinture
qûtî reng

les ciseaux
meqes

la colle
lezaq

le cahier d'exercices
pirtûka fêrbûn

les devoirs
wezîfa malê

le chiffre
hejmar

additionner
zêdekirin

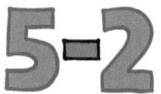

soustraire
derxistin

multiplier
zêdekirin

calculer
hesibandin

la lettre
tîp

l'alphabet
alfabe

le mot
peyv

le texte

nivîsê

lire

xwandin

la craie

geç

la leçon

ders

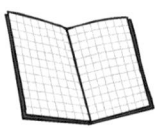

le livre de classe

qeydkirin

l'examen

îmtîhan

le certificat

şehade

l'uniforme scolaire

kinca dibistanê

la formation

perwerdehî

le lexique

zanistname

l'université

zanîngeh

le microscope

mîkroskûp

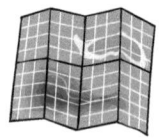

la carte

xerîte

la corbeille à papier

sepeta kaxezê

le voyage
rêwêtî

l'hôtel
mêvanxane
Grand
l'auberge
mêvanxane
ROOMS
le bureau de change
ofîsa pere veguhartinê
la valise
cente
la voiture
maşîn

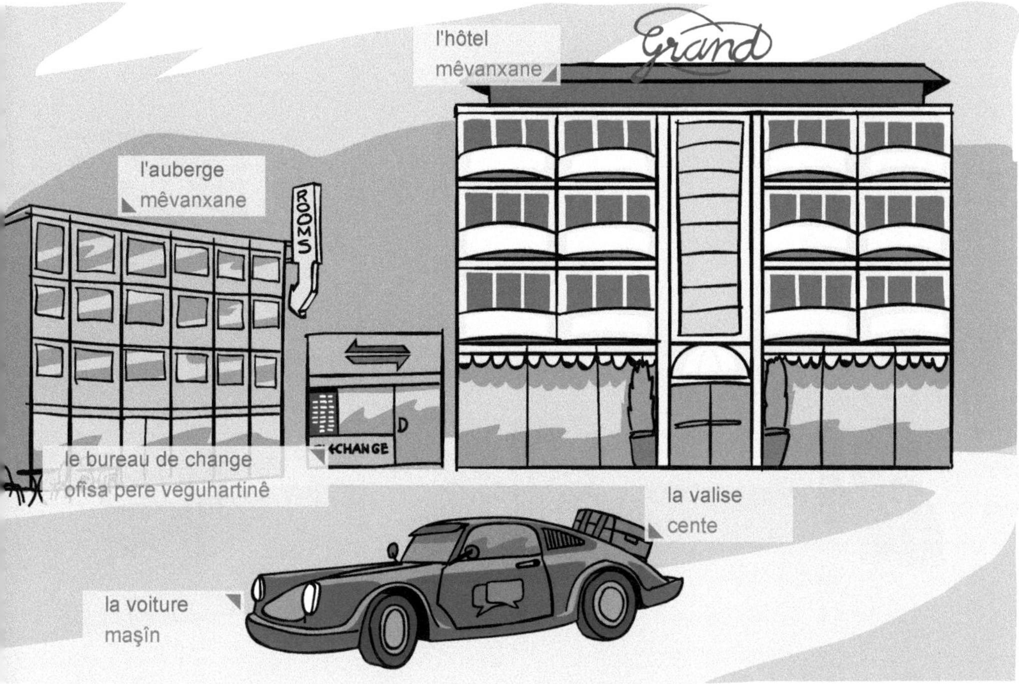

la langue
ziman

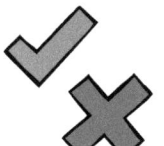

oui / non
belê / na

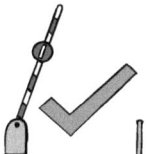

d'accord
baş

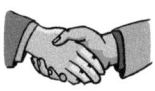

Salut
silav

l'interprète
wergêra nivîskî

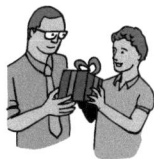

merci
sipas

Combien coûte...?

bihayê ... çi qase?

Je ne comprends pas

ez fam nakim

le problème

pirsgirêk

Bonsoir !

êvarbaş!

Bonjour !

beyanî baş!

Bonne nuit !

şev baş!

Au revoir

xatirê te

la direction

alî

les bagages

hûrmûr

le sac

çente

le sac-à-dos

çente pişt

l'hôte

mêvan

la pièce

ode

le sac de couchage

came xew

la tente

çadir

l'office de tourisme

agagiyên gerokan

la plage

rexê avê

la carte de crédit

kartê qerzê

le petit-déjeuner

taştê

le déjeuner

firavîn

le dîner

şîv

le billet

kart

l'ascenseur

asansor

le timbre

pûl

la frontière

tixûb

la douane

gumirk

l'ambassade

balyozxane

le visa

vîza

le passeport

pasaport

le transport
guhaztin

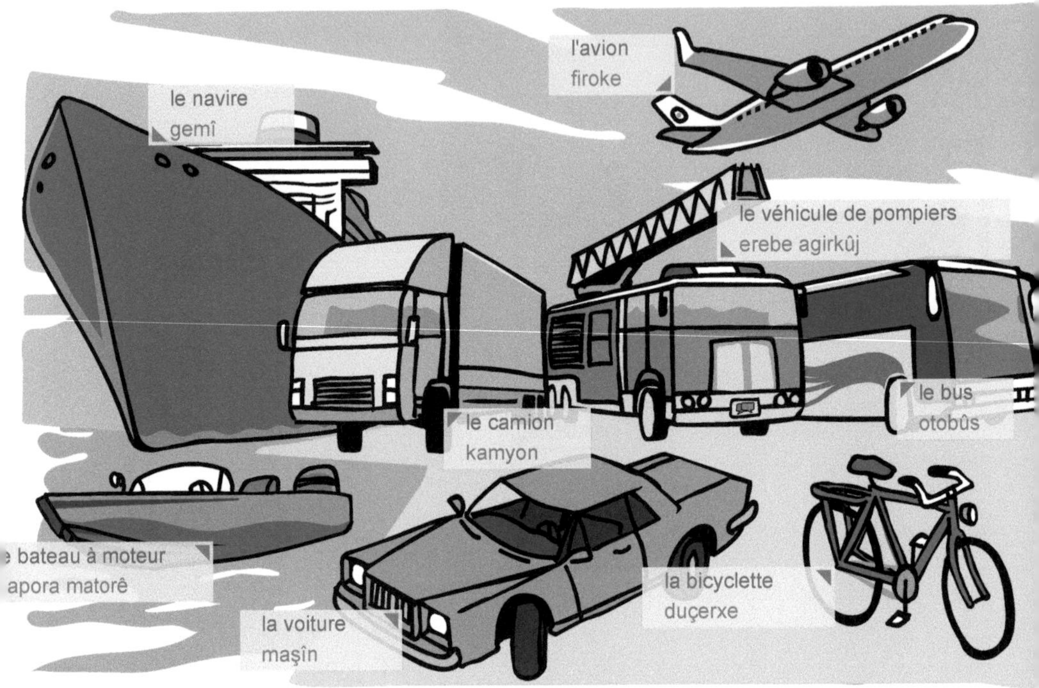
l'avion
firoke
le navire
gemî
le véhicule de pompiers
erebe agirkûj
le bus
otobûs
le camion
kamyon
e bateau à moteur
apora matorê
la bicyclette
duçerxe
la voiture
maşîn

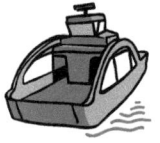

le ferry
papor

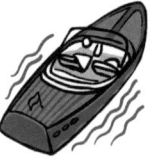

la barque
papor

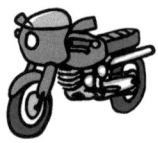

la moto
motorsîklêt

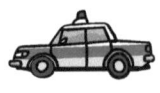

la voiture de police
trimbêla polîsê

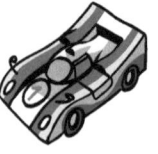

la voiture de course
trimbêla pêşbaziyê

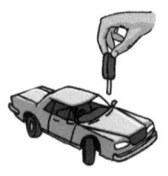

la voiture de location
erebe kirêkirinê

l'auto-partage

maşîn pervekirin

la voiture de remorquage

kamyona kişandinê

la benne à ordures

kamyona xwelî

le moteur

motorsîklêt

l'essence

mazot

la station d'essence

îstegeha benzînê

le panneau indicateur

tabloya tirafîkê

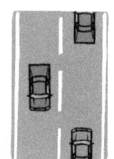

le trafic

hatinûçûn

l'embouteillage

tirafîk

le parking

cihê parkê

la gare

rawesteka trênê

les rails

rêç

le train

trên

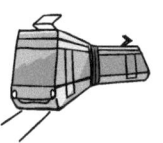

le tramway

trênê kolanê

le wagon

erebe

l'hélicoptère
babirok

l'aéroport
balafirgeh

la tour
birc

le passager
misafir

le conteneur
qûtî

le carton
qûtî

le chariot
girgirok

la corbeille
selik

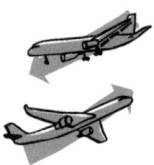

décoller / atterrir
rabûn / nîştin

la ville

bajar

le village
gund

le centre-ville
navenda bajarê

la maison
xanî

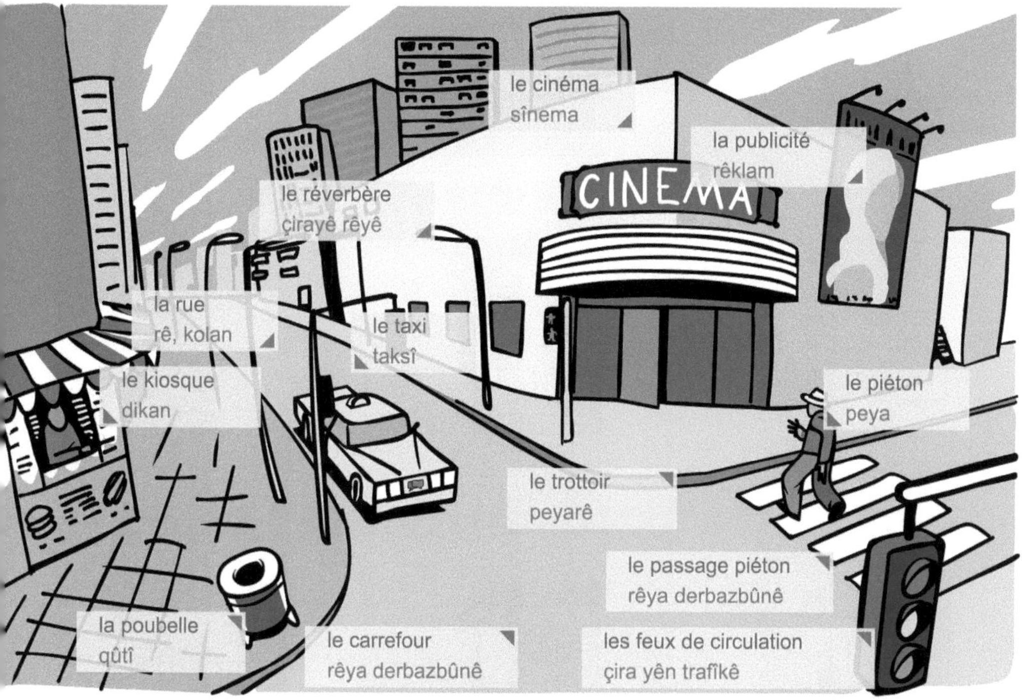

le cinéma
sînema

la publicité
rêklam

le réverbère
çirayê rêyê

la rue
rê, kolan

le taxi
taksî

le kiosque
dikan

le piéton
peya

le trottoir
peyarê

le passage piéton
rêya derbazbûnê

la poubelle
qûtî

le carrefour
rêya derbazbûnê

les feux de circulation
çira yên trafîkê

CINEMA

la cabane

kox

l'appartement

xanî

la gare

rawesteka trênê

la mairie

telara şarevanî

le musée

mûzexane

l'école

dibistan

l'université
zanîngeh

la banque
bank

l'hôpital
nexweşxane

l'hôtel
mêvanxane

la pharmacie
dermanxane

le bureau
ofîs

la librairie
kitêbfiroşî

le magasin
dikan

le fleuriste
gulfiroş

le supermarché
bazar

le marché
bazar

le grand magasin
supermarket

la poissonnerie
masîfiroş

le centre commercial
navenda kirrîn

le port
bender

la ville - bajar

le parc
park

la banque
sekû

le pont
pir

les escaliers
derince

le métro
jêr erdê

le tunnel
tunnel

l'arrêt de bus
îstgeha otobûs

le bar
bar

le restaurant
xwaringeh

la boîte à lettres
sindûqa postê

le panneau indicateur
nîşanderka rêyê

le parcmètre
metra parkîngê

le zoo
baxça heywanan

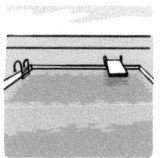

le réverbère
hewza melevanî

la mosquée
mizgeft

la ferme

cotgeh

la pollution

lewitandina derdor

la cimetière

goristan

l'église

kenîse

l'aire de jeux

erdê leyistinê

le temple

perestgeh

le paysage

tebîet

la feuille
gela

le panneau indicateur
nîşanderka rê

le chemin
rê

le pré
mêrg

la pierre
kevir

l'arbre
dar

le randonneur
gerok

la rivière
çem

l'herbe
giya

la fleur
kulîlk

la vallée
dol

la montagne
gir

le lac
gol

la forêt
daristan

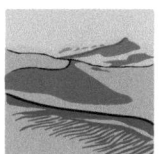

le désert
beyaban

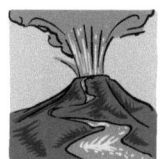

le volcan
volkan

le château
keleh

l'arc-en-ciel
keskesor

le champignon
kivark

le palmier
darqesp

le moustique
mixmixk

la mouche
mêş

les fourmis
mêrî

l'abeille
hing

l'araignée
pîrê

le coléoptère

kêzik

la grenouille

beq

l'écureuil

sihor

le hérisson

jîjok

le lièvre

kerguh

la chouette

pepûk

l'oiseau

çivîk

le cygne

qû

le sanglier

berazê kovî

le cerf

pezkovî

l'élan

pezkovî

le barrage

bendav

l'éolienne

tûrbîna ba

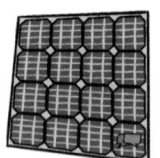

le panneau solaire

panela xorê

le climat

av û hewa

le restaurant
xwaringeh

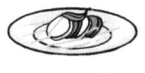

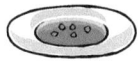

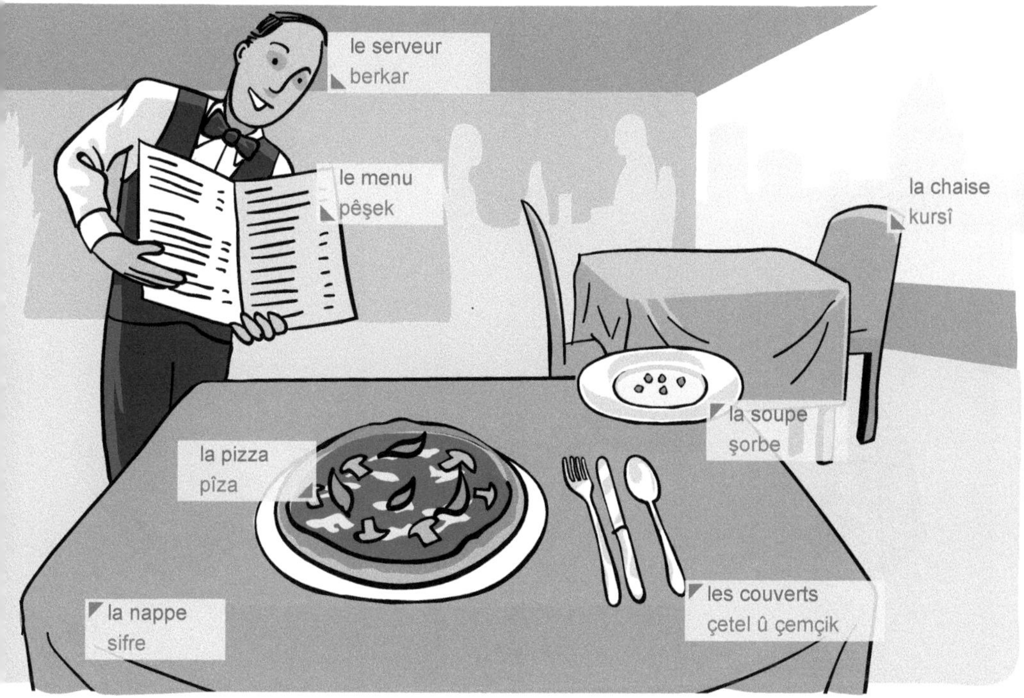
le serveur
berkar
le menu
pêşek
la chaise
kursî
la soupe
şorbe
la pizza
pîza
la nappe
sifre
les couverts
çetel û çemçik

les hors d'œuvre

xwarina destpêk

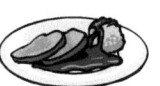

le plat principal

xwarina serekî

le dessert

şêranî

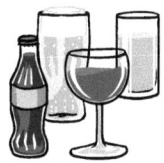

les boissons

vexwarinan

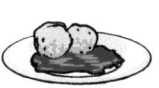

l'alimentation

xwarin

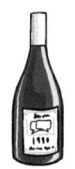

la bouteille

cam

le fast-food

xwarina lez

les plats à emporter

xwarina rêyê

la théière

çaydanik

le sucrier

qûtî şekirê

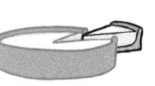

la portion

beş

la machine à expresso

mekîna çêkirinê espresso

la chaise haute

kursiya bilînd

la facture

hesab

le plateau

sênî

le couteau

kêr

la fourchette

çetel

la cuillère

kevçî

la cuillère à thé

kevçiya çay

la serviette

pêşgir

le verre

qedeh

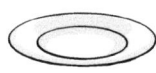

l'assiette
teyfik

l'assiette à soupe
teyfika şorbe

la soucoupe
piyale

la sauce
çênc

la salière
xwêdank

le moulin à poivre
qûtî bîbar

le vinaigre
sêk

l'huile
rûn

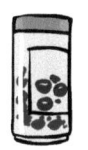

les épices
biharat

le ketchup
ketçap

la moutarde
mustard

la mayonnaise
mayonêz

le supermarché
bazar

l'offre promotionnelle
pêşkêşên taybet
FOR
le client
mişterî
les produits laitiers
şîremenî
les fruits
fêkî
le chariot
erebe

BUTCHERS

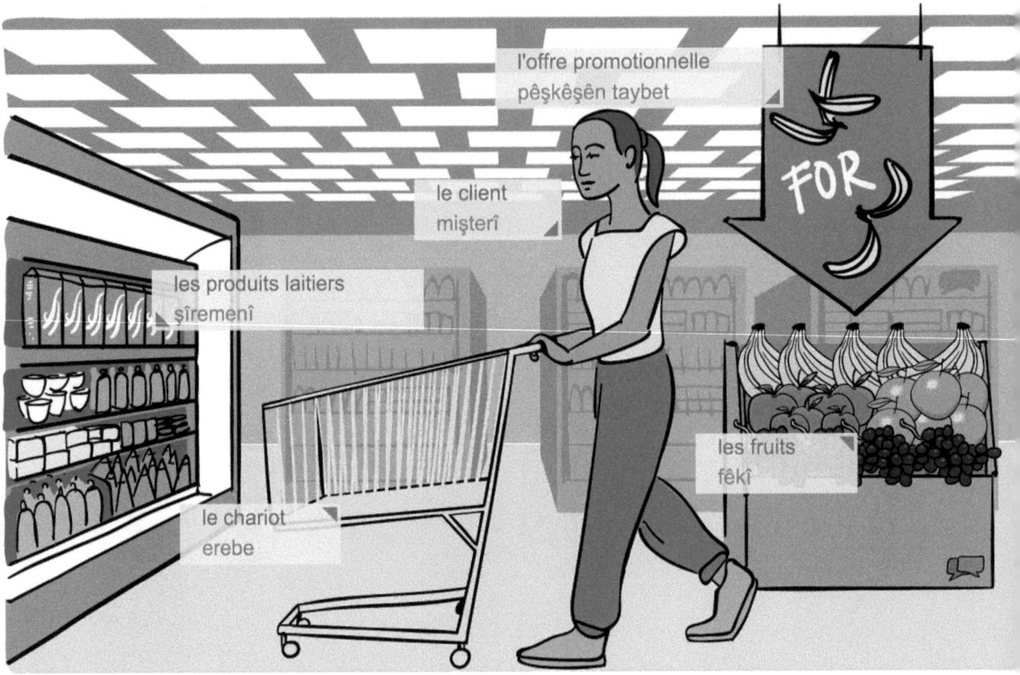

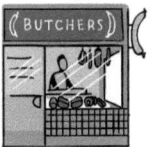

la boucherie

qesabî

BAKERY

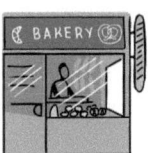

la boulangerie

dikana nanpêj

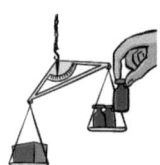

peser

wezin kirin

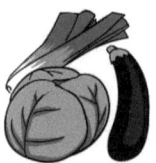

les légumes

sebze

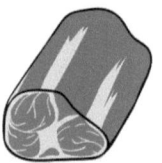

la viande

goşt

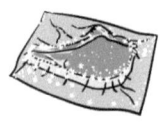

les aliments surgelés

xwarinê cemedî

la charcuterie

goştê sar

les conserves

xwarina pîlê

la poudre à lessive

xubarê paqijkirinê

les bonbons

şirînî

les articles ménagers

berhemên navxweyî

les détergents

berhemên paqijkirinê

la vendeuse

firoşyar

la caisse

xeznok

le caissier

diravgir

la liste d'achats

lîsta kirrînê

les heures d'ouverture

demên vekirî

le portefeuille

cizdan

la carte de crédit

kartê qerzê

le sac

çewal

le sac en plastique

çente

l'eau

av

le jus de fruit

şerbet

le lait

şîr

le coca

komir

le vin

şerab

la bière

bîra

l'alcool

alkol

le chocolat chaud

kakwo

le thé

çay

le café

qehwe

l'expresso

espresso

le cappuccino

kapoçîno

la banane

moz

la pomme

sêv

l'orange

pirteqalî

le melon

gundor

le citron.

lîmon

la carotte

gêzer

l'ail

sîr

le bambou

qamir

l'oignon

pîvaz

le champignon

qarçik

les noisettes

gewîz

les pâtes

şihîre

les spaghetti

spagêttî

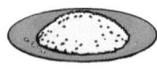

le riz

birinc

la salade

selete

les pommes frites

çîps

les pommes de terre rôties

peteteya biraştî

la pizza

pîza

le hamburger

hamburger

le sandwich

nanok

l'escalope

goştê stûyê berxî

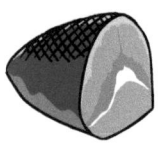

le jambon

goştê hişkkirî

le salami

salamê

la saucisse

sosîs

le poulet

mirîşk

le rôti

bijartin

le poisson

masî

les flocons d'avoine
....
şorbe bilûl

le muesli
....
mûslî

les cornflakes
....
kertên gilgilan

la farine
....
ard

le croissant
....
croissant

les petits-pains
....
semûn

le pain
....
nan

le pain grillé
....
tost

les biscuits
....
nanik

le beurre
....
nivîşk

le fromage blanc
....
mast

le gâteau
....
kulîçe

l'œuf
....
hêk

l'œuf au plat
....
hêka qelandî

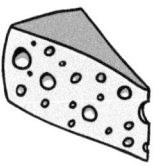

le fromage
....
penîr

la glace

dondirme

le sucre

şekir

le miel

hingiv

la confiture

mireba

la crème nougat

xameya nougat

le curry

kurrî

la ferme

cotgeh

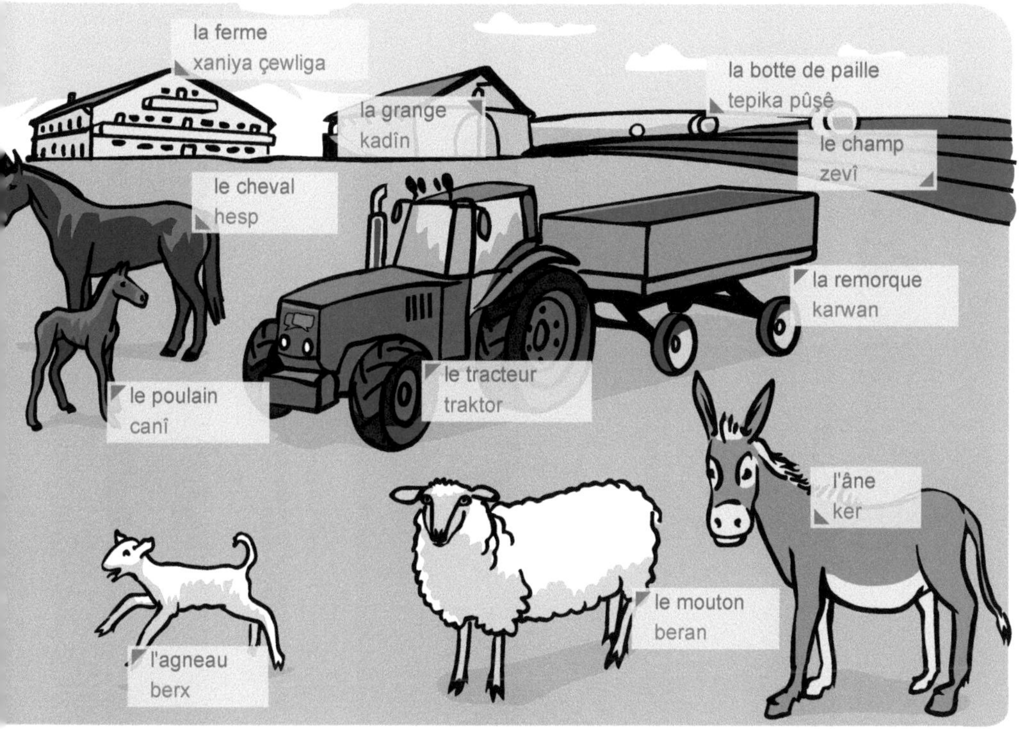
la ferme
xaniya çewliga
la grange
kadîn
la botte de paille
tepika pûşê
le champ
zevî
le cheval
hesp
la remorque
karwan
le tracteur
traktor
le poulain
canî
l'âne
ker
le mouton
beran
l'agneau
berx

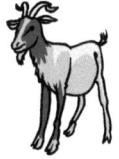

la chèvre

bizin

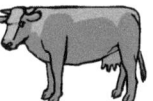

la vache

çêlek

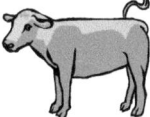

le veau

golik

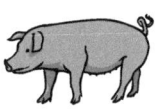

le porc

beraz

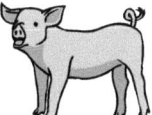

le porcelet

xinzîrk

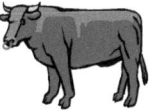

le taureau

boxe

l'oie

qaz

le canard

miravî

le poussin

cûçik

la poule

mirîşk

le coq

keleşêr

le rat

circ

le chat

kitik

la souris

mişk

le bœuf

ga

le chien

kûçik

le chenil

xaniya kûçikê

le tuyau de jardin

xanî baxê

l'arrosoir

qûtîka avdanê

la faucheuse

şalûk

la charrue

gasin

la faucille
das

la pioche
merbêr

la fourche
darsapik

la hache
bivir

la brouette
destgere

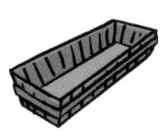

la cuve
qûtî xwarina candaran

le pot à lait
qûtî şîr

le sac
tûr

la clôture
çeper

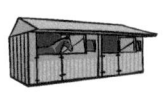

l'étable
axur

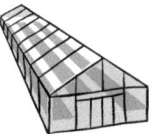

le serre
xana kulîlkan

le sol
ax

les semences
dendik

l'engrais
peyn

la moissonneuse-batteuse
kombayn

récolter

zad

la récolte

zad

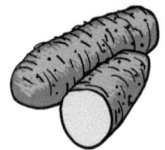

l'igname

petete

le blé

genim

le soja

fasolî

la pomme de terre

petete

le maïs

dexl

le colza

dindik

l'arbre fruitier

darê fêkî

le manioc

sêvê bin erdê

les céréales

zad

la maison
xanî

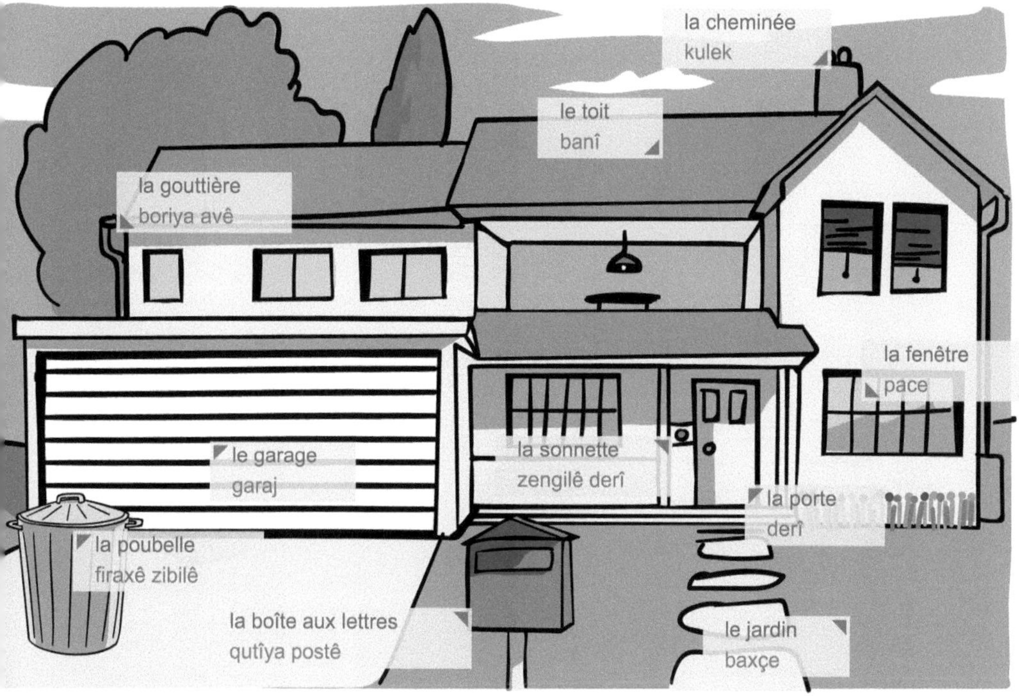

la cheminée
kulek
le toit
banî
la gouttière
boriya avê
la fenêtre
pace
le garage
garaj
la sonnette
zengilê derî
la porte
derî
la poubelle
firaxê zibilê
la boîte aux lettres
qutîya postê
le jardin
baxçe

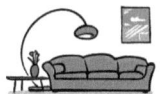

le salon

oda rûniştinê

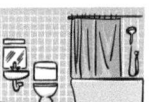

la salle de bain

hemam

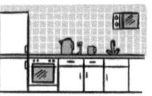

la cuisine

metbex

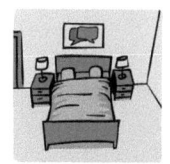

la chambre à coucher

oda xewê

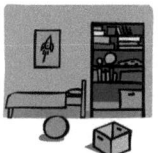

la chambre d'enfant

odeya zarok

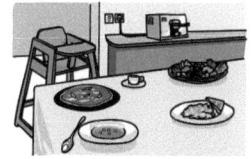

la salle à manger

oda şîvê

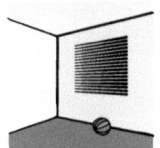

le sol

binî

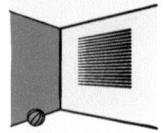

le mur

dîwar

le plafond

berban

la cave

xenzik

le sauna

sauna

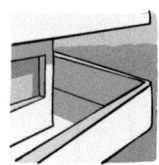

le balcon

balkon

la terrasse

berdanik

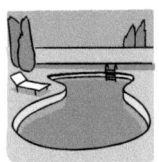

la piscine

hewza melevanî

la tondeuse à gazon

çîmen birr

la housse

melhefe

la couette

betanî

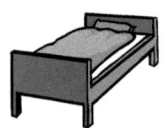

le lit

nivîn

le balai

gezik

le sceau

satil

l'interrupteur

kilîl

le salon
oda rûniştinê

le papier peint
kaxezê dîwar
l'image
wêne
la lampe
lampa
l'étagère
ref
l'armoire
dolab
la télé
telefîsiyon
la cheminée
agirdan
la fleur
kulîlk
le coussin
serîn
le sofa
qenepe
le vase
guldank
la télécommande
kontrola dûr

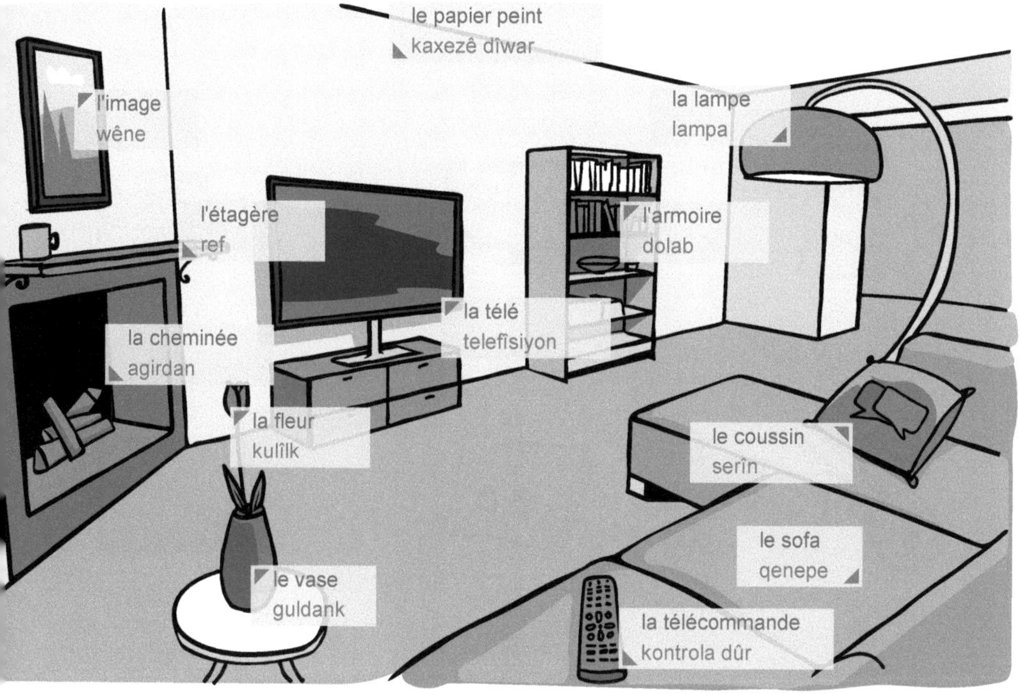

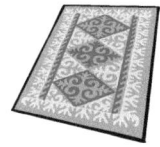

le tapis

xalîçe

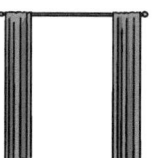

le rideau

perde

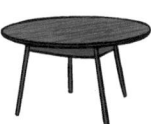

la table

mêz

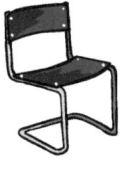

la chaise

kursî

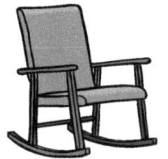

la chaise à bascule

kursiya hejanok

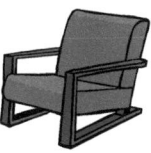

le fauteuil

kursî

le livre

pirtûk

la couverture

betanî

la décoration

xemilandin

le bois de chauffage

êzing

le film

fîlm

la chaîne hi-fi

hi-fi

la clé

kilîl

le journal

rojname

la peinture

nîgar

le poster

poster

la radio

radyo

le bloc-notes

defter

l'aspirateur

sivnika elektrîkî

le cactus

kaktûs

la bougie

mom

la cuisine

metbex

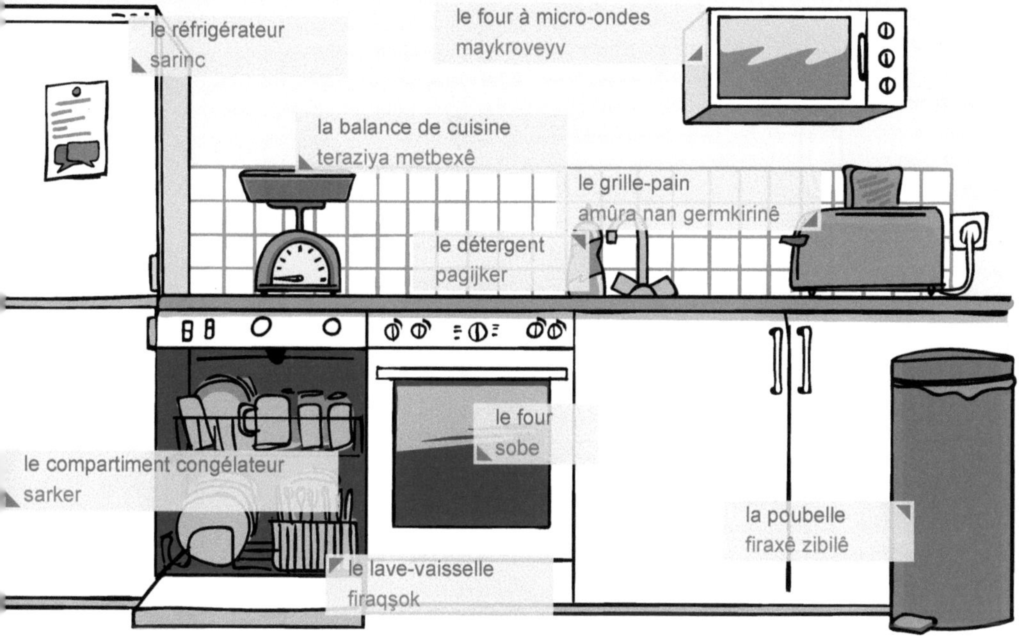

le réfrigérateur
sarinc
le four à micro-ondes
maykroveyv
la balance de cuisine
teraziya metbexê
le grille-pain
amûra nan germkirinê
le détergent
pagijker
le four
sobe
le compartiment congélateur
sarker
la poubelle
firaxê zibilê
le lave-vaisselle
firaqşok

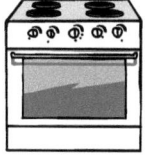

le four

sobe

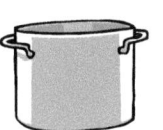

la casserole

aman

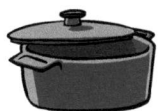

la marmite

amaê ûtû

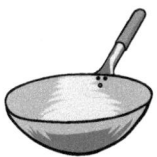

le wok / kadai

firaqê mezin

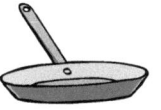

la poêle

dîzik

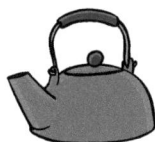

la bouilloire electrique

kelînk

le cuiseur vapeur

firaqê hilmê

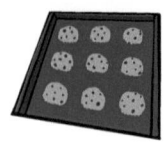

la plaque de cuisson

sênî nanê

la vaisselle

firaq

le gobelet

piyale

la coupe

kasik

les baguettes

darê nanxwarin

la louche

hesk

la spatule

kevçiya mezin

le fouet

rînek

la passoire

kefgîr

le tamis

bêjing

la râpe

rêşker

le mortier

destar

le barbecue

biraştin

la cheminée

agirê vala

la planche à découper

texteya birrînê

le rouleau à pâtisserie

darikê tîrê

le tire-bouchon

devik badek

la boîte

qûtî

l'ouvre-boîte

qûtîvekir

les maniques

cawê amanan

le lavabo

destşo

la brosse

firçe

l'éponge

parazoa

le mixeur

tevdêr

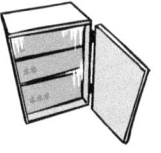

le congélateur

sarkerê cemedî

le biberon

şûşe bebikan

le robinet

henefî

la salle de bain
hemam

la douche
dûş
le chauffage
germijank
la serviette
xawlî
le rideau de douche
perdeya hemamê
le bain moussant
kefê hemam
la baignoire
hewza hemam
le verre
qedeh
la machine à laver
cilşok
le robinet
henefî
le carrelage
acûr
le pot
tiwaleta zarokan
le lavabo
destşo

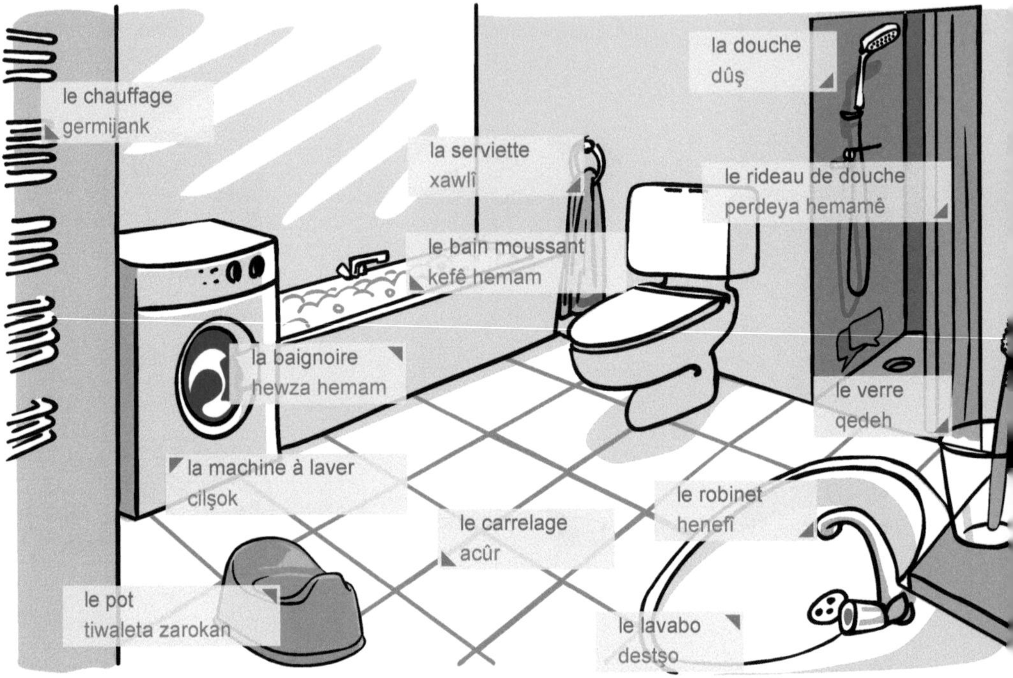

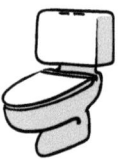

les toilettes
tiwalet

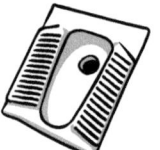

la toilette à la turque
tiwaleta erdê

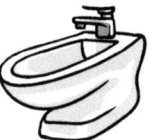

le bidet
tiwalet

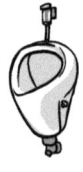

l'urinoir
avdestxana mêran

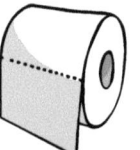

le papier toilette
kaxeza tiwalet

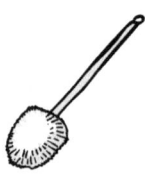

la brosse à toilette
firşeya tiwalet

la brosse à dents

firçeya diran

le dentifrice

mecûna diran

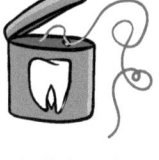

le fil dentaire

nexa didan

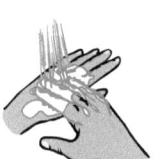

laver

şûştin

la douche manuelle

dûşê destê

la douche intime

dûş

la vasque

destşo

la brosse dorsale

firça pişt

le savon

sabûn

le gel douche

cêlê hemam

le shampooing

şampo

le gant de toilette

fanîle

l'écoulement

zêrab

la crème

kirêm

le déodorant

bêhn xweşkir

le miroir

mirêk

le miroir cosmétique

mirêka destê

le rasoir

gûzan

la mousse à raser

kefê teraşînê

l'après-rasage

mecûna piştî teraşînê

la peigne

şeh

la brosse

firçe

le sèche-cheveux

por hîşikkir

la laque pour cheveux

sipraya porê

le fond de teint

kozmetîk

le rouge à lèvres

soravk

le vernis à ongles

rengê nînok

l'ouate

pembû

le coupe-ongles

meqesta nînok

le parfum

parfûm

la trousse de toilette

çewalê hemamê

le tabouret

kursiya bêpişt

le pèse-personne

terazî

le peignoir

kinca hemamê

les gants de nettoyage

lepika lastîkê

le tampon

tampon

es serviettes hygiéniques

xawliya paqijkirinê

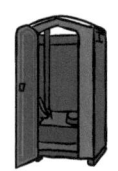

la toilette chimique

tiwaleta kîmîyewî

la chambre d'enfant

odeya zarok

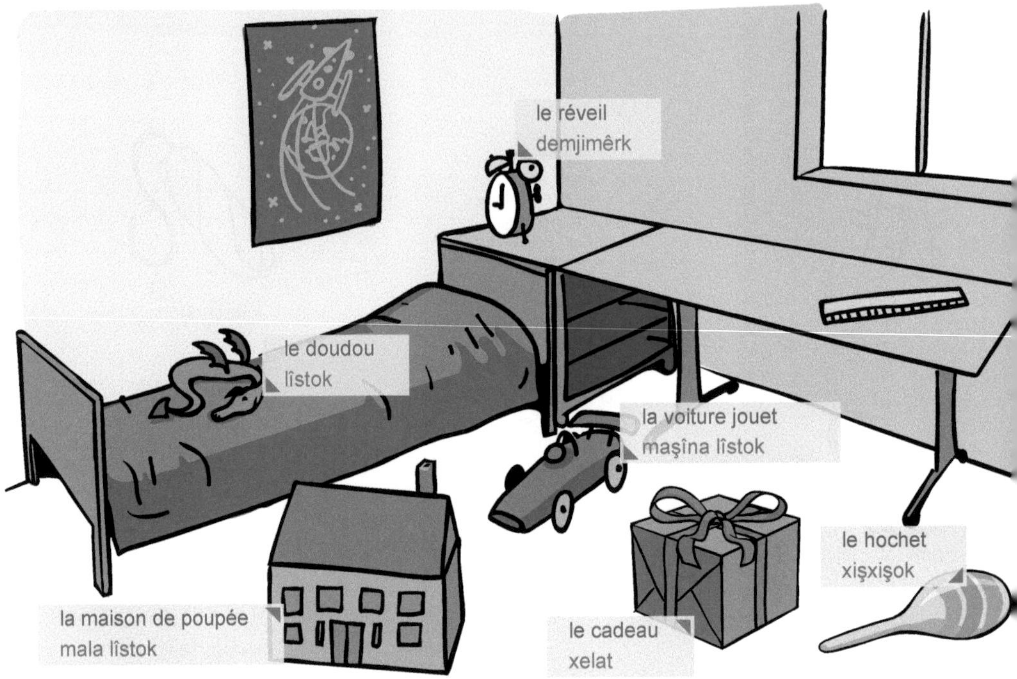

le réveil
demjimêrk
le doudou
lîstok
la voiture jouet
maşîna lîstok
le hochet
xişxişok
la maison de poupée
mala lîstok
le cadeau
xelat

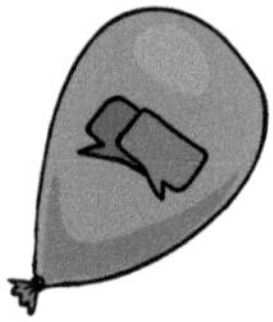

le ballon

pifdank

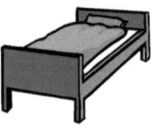

le lit

nivîn

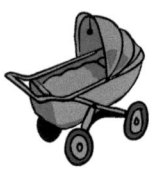

la poussette

koçk

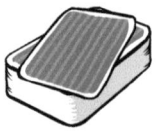

le jeu de cartes

lîstika kartê

le puzzle

frîzbî

SUPER
MEGA

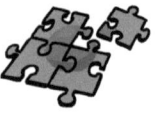

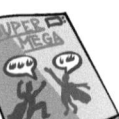

la bande dessinée

komîk

les pièces lego

acûra lêgo

les blocs de construction

acûra lîstok

la figurine

bûke şûşe

la grenouillère

kinca bebikan

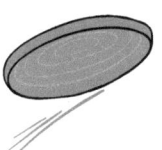

le frisbee

frizbee

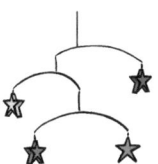

le mobile

veguhestin

le jeu de société

lîstikên texte

le dé

mor

le train miniature

modêla trênê

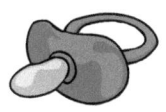

la sucette

memik

la fête

cejn

le livre d'images

kitêba wêne

la balle

top

la poupée

bûke şûşe

jouer

leyîstin

le bac à sable

kuna xîzê

la balançoire

colane

les jouets

lîstokan

la console de jeu

lîstika vîdeoyî

le tricycle

sêçerxe

l'ours en peluche

hirça lîstok

l'armoire

cildank

les vêtements

kinc

les chaussettes

gore

les bas

gore

le collant

derpêgorê

l'écharpe
şal

la ceinture
qayiş

le parapluie
çetir

le t-shirt
kiras

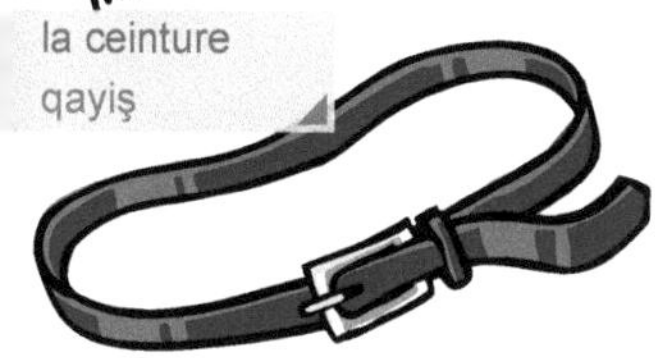

les baskets
pêlav

les bottes
şekal

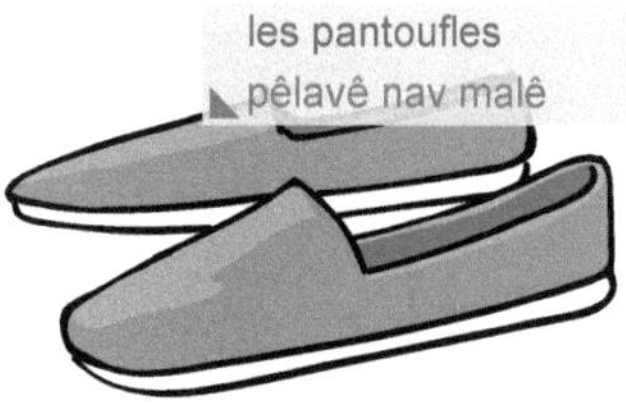

les pantoufles
pêlavê nav malê

les sandales
solik

les chaussures
sol

les bottes de caoutchouc
potîna çermê

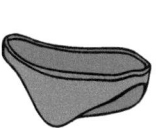

les sous-vêtements
pantolê jêr

le soutien-gorge
pêsîrbend

le maillot de corps
çekbend

le body

cendek

le pantalon

pantol

le jean

jeans

la jupe

daman

le chemisier

kiras

la chemise

kiras

le pull

fanêle

le sweat à capuche

fanêle

la veste

cakêt

la veste

sako

le manteau

çaket

l'imperméable

baranî

le costume

lebas

la robe

fîstan

la robe de mariée

cilê dawetê

le costume

kostum

la chemise de nuit

pêcame

le pyjama

pêcame

le sari

saree

le foulard

leçik

le turban

mêzer

la burqa

hêram

le caftan

kaftan

l'abaya

eba

le maillot de bain

kinca ajnêkirin

le maillot de bain

cilka melevanî

le short

şort

la tenue d'entraînement

cila hêvojkarî

le tablier

pêşmal

les gants

lepik

le bouton

dûgme

les lunettes

berçavik

le bracelet

bazin

le collier

gerdenî

la bague

gustîl

la boucle d'oreille

guhark

le bonnet

devik

le cintre

hilavistek

le chapeau

kûm

la cravate

kirawat

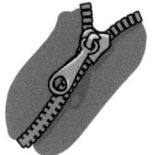

la fermeture éclair

zîp

le casque

serparêz

les bretelles

derzî

l'uniforme scolaire

kinca dibistanê

l'uniforme

yûnîform

le bavoir

berdilk

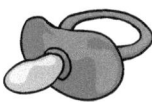

la sucette

memik

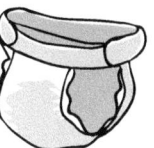

la lange

pundax

le bureau
ofîs

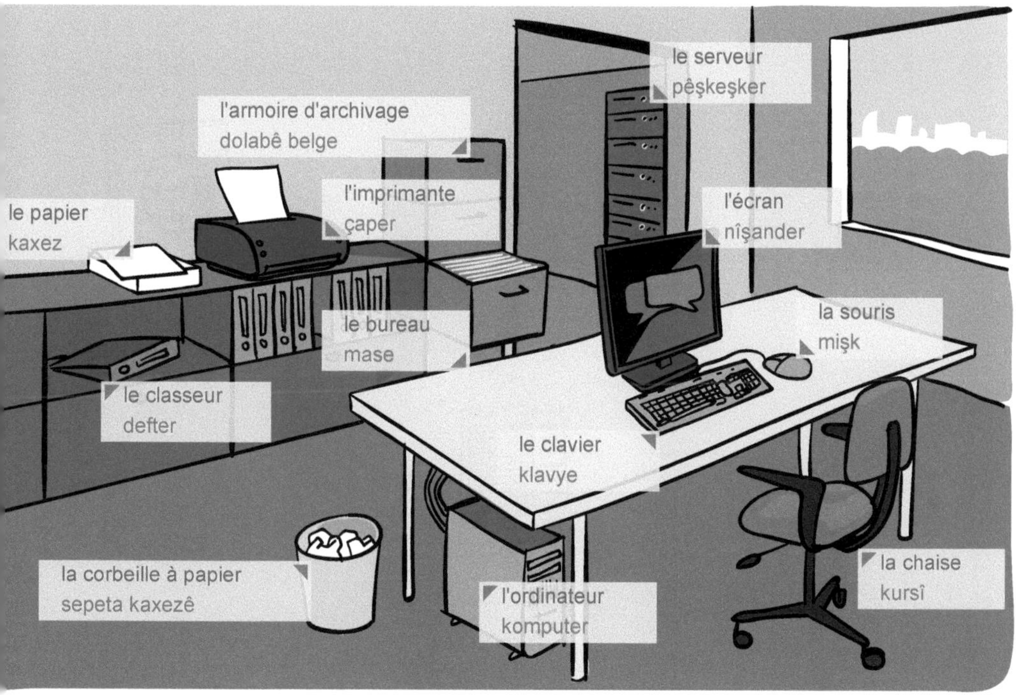

l'armoire d'archivage
dolabê belge

le serveur
pêşkeşker

le papier
kaxez

l'imprimante
çaper

l'écran
nîşander

le bureau
mase

la souris
mişk

le classeur
defter

le clavier
klavye

la corbeille à papier
sepeta kaxezê

la chaise
kursî

l'ordinateur
komputer

la tasse de café

kasika qehwe

la calculatrice

hesabker

l'internet

înternet

l'ordinateur portable

komputera laptop

la lettre

name

le message

peyam

le portable

telefona mobîl

le réseau

tor

la photocopieuse

mekîna fotokopî

le logiciel

software

le téléphone

telefon

la prise

socketa fîşek

le fax

mekîna faxê

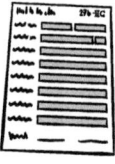

le formulaire

form

le document

belge

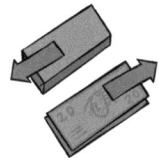

acheter

standin

payer

pere dan

faire du commerce

bazirganî

la monnaie

pere

USD

le dollar

dollar

EUR

l'euro

yoro

JPY

le yen

yenê Japonê

RUB

le rouble

roblê Rûsî

CHF

le franc suisse

firankê Swîsê

CNY

le renminbi yuan

yuanê Çînê

INR

la roupie

rûpee Hindî

le distributeur automatique

mekîna jixwebera dirav

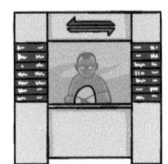

le bureau de change

ofîsa pere veguhartinê

l'or

zêrr

l'argent

zîv

le pétrole

neft

l'énergie

wize

le prix

biha

le contrat

peyman

la taxe

tax

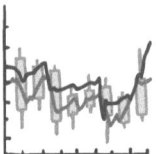

l'action

seham

travailler

karkirin

l'employé

karker

l'employeur

karda

l'usine

fabrîka

le magasin

dikan

les professions
profesyon

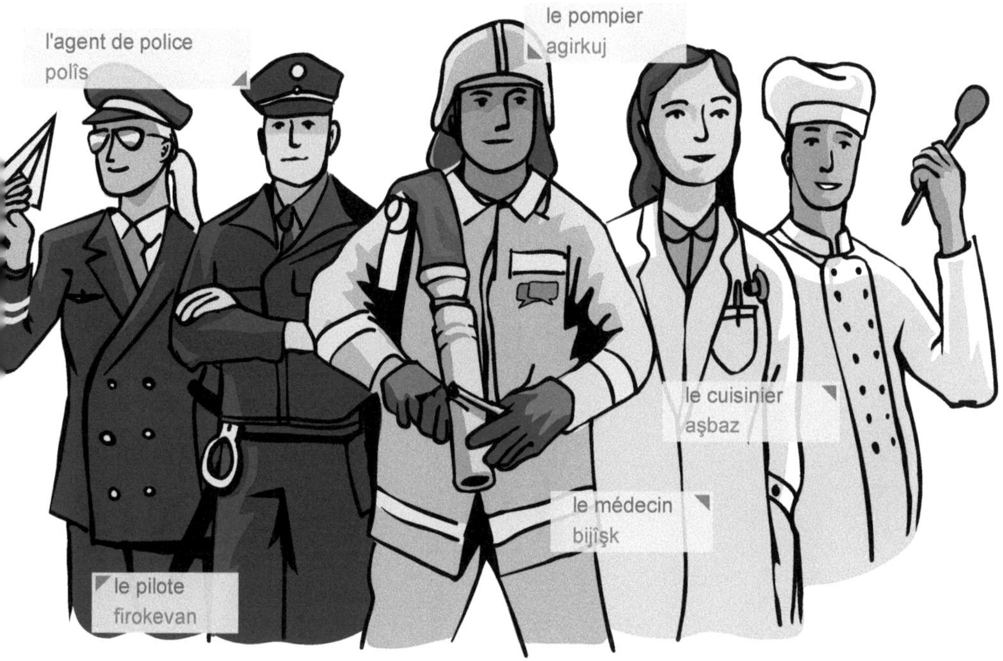
l'agent de police
polîs
le pompier
agirkuj
le cuisinier
aşbaz
le médecin
bijîşk
le pilote
firokevan

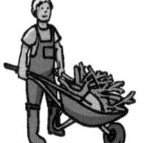

le jardinier

baxçevan

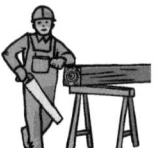

le menuisier

necar

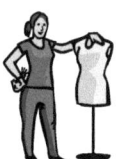

la couturière

dirûnvan

le juge

hakim

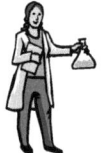

le chimiste

şîmyazan

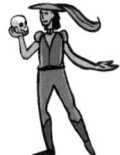

l'acteur

şanoger

le conducteur de bus

şufêrê basê

le chauffeur de taxi

şufêrekî taksiyê

le pêcheur

masîvan

la femme de ménage

pagijker

le couvreur

çêkirê banî

le serveur

berkar

le chasseur

nêçirvan

le peintre

rengrês

le boulanger

nanpêj

l'électricien

karebavan

l'ouvrier

avaker

l'ingénieur

endezyar

le boucher

qesab

le plombier

lûlekar

le facteur

postevan

les professions - profesyon

le soldat

esker

l'architecte

mîmar

le caissier

diravgir

le fleuriste

firotkara çîçekan

le coiffeur

porçêker

le contrôleur

ajovan

le mécanicien

mekanîk

le capitaine

keştîvan

le dentiste

pizîşka didanan

le scientifique

zanistyar

le rabbin

rûhan

l'imam

îmam

le moine

keşe

le prêtre

keşîş

les outils
amûran

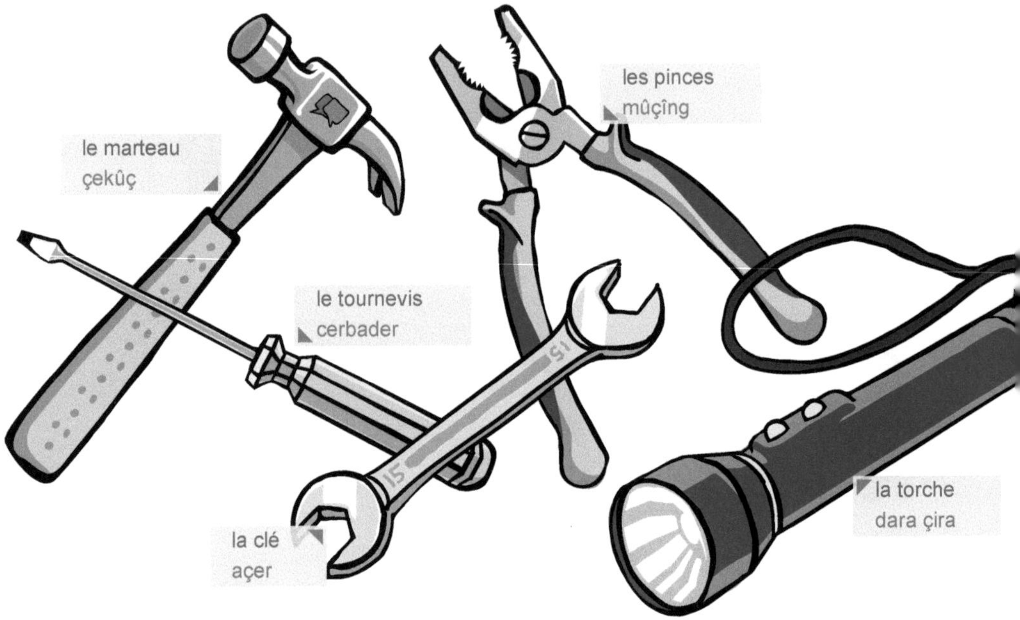

le marteau
çekûç
les pinces
mûçîng
le tournevis
cerbader
la clé
açer
la torche
dara çira

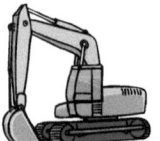

la pelleteuse

şofel

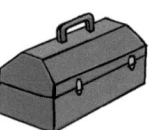

la boîte à outils

qûtiya amûran

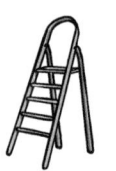

l'échelle

peyje

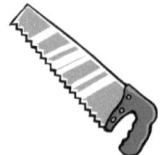

la scie

mişar

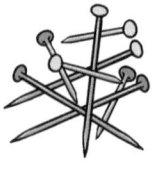

les clous

mîx

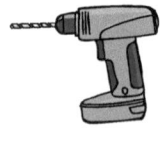

la perceuse

qulkirin

réparer

çêkirin

la pelle

merbêr

Mince !

nalet!

la pelle

bêl

le pot de peinture

qûtiya rengê

les vis

cerr

les instruments de musique
amûrên mûzîkê

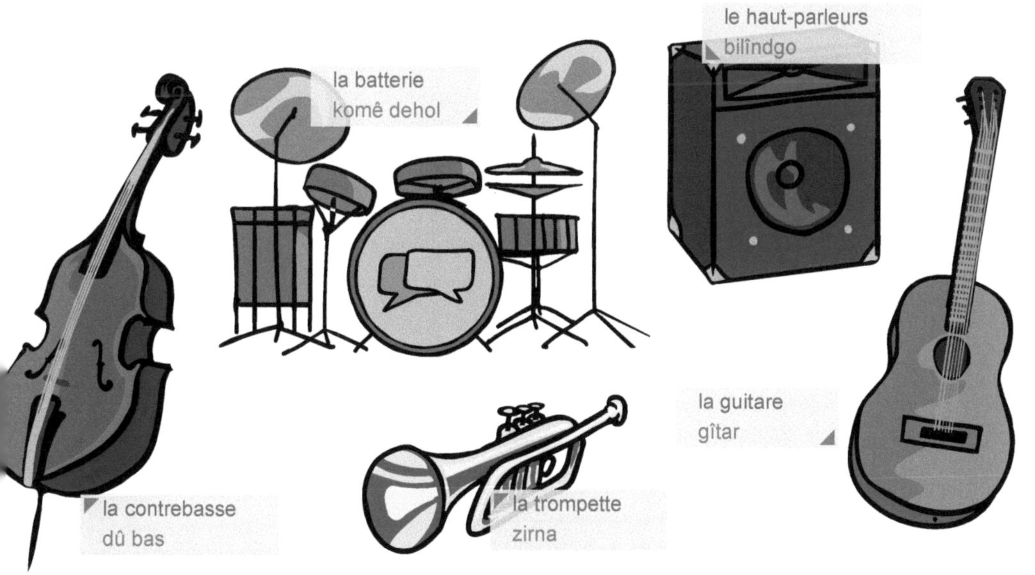

le haut-parleurs
bilîndgo

la batterie
komê dehol

la contrebasse
dû bas

la trompette
zirna

la guitare
gîtar

le piano

piyano

le violon

viyolîn

la basse

bas

les timbales

dehol

le tambour

dahol

le piano électrique

keyboard

le saxophone

saksofon

la flûte

bilûr

le microphone

mîkrofon

le zoo

baxça heywanan

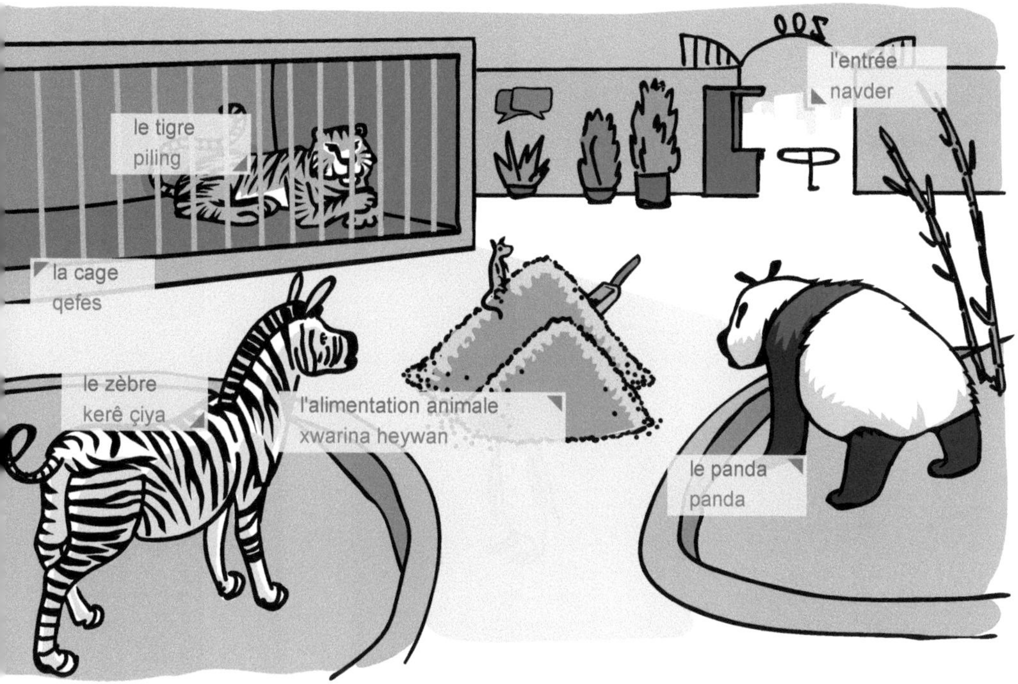

l'entrée
navder
le tigre
piling
la cage
qefes
le zèbre
kerê çiya
l'alimentation animale
xwarina heywan
le panda
panda

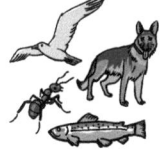

les animaux

heywan

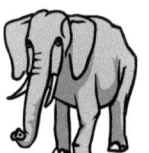

l'éléphant

fîl

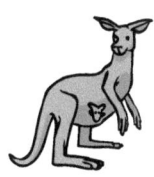

le kangourou

kangarû

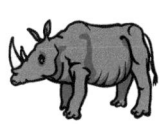

le rhinocéros

kerkeden

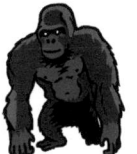

le gorille

gorîl

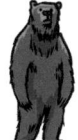

l'ours

hirç

le chameau

hêştir

l'autruche

hêştirme

le lion

şêr

le singe

meymûn

le flamand rose

flamîngo

le perroquet

papaxan

l'ours polaire

hirça cemserî

le pingouin

penguîn

le requin

semasî

le paon

tawûs

le serpent

mar

le crocodile

timsah

le gardien de zoo

parêzera baxça ajalan

le phoque

seya derya

le jaguar

piling

le zoo - baxça heywanan

le poney

hesp

le léopard

piling

l'hippopotame

hespê rûbar

la girafe

canhêştir

l'aigle

helo

le sanglier

berazê kovî

le poisson

masî

la tortue

kûsî

le morse

walras

le renard

rovî

la gazelle

xezal

l'american Football
fûtbolê Amerîka

le cyclisme
bisiklêtan

le tennis
tenîs

le basket-ball
baskêtbol

la natation
avjenîkirin

la boxe
boxing

le hockey sur glace
hokeya ser cemedê

le football

fûtbol

le badminton

badminton

l'athlétisme

yê atletîzmê

le handball

hendbol

le ski

befirajotin

le polo

polo

les activités
çalakiyan

rire
kenîn
sauter
hilpeke
embrasser
hembêz
marcher
birêveçûn
chanter
lawje gutin
rêver
xewn dîtin
prier
nimêj kirin
faire la bise
maçkirin

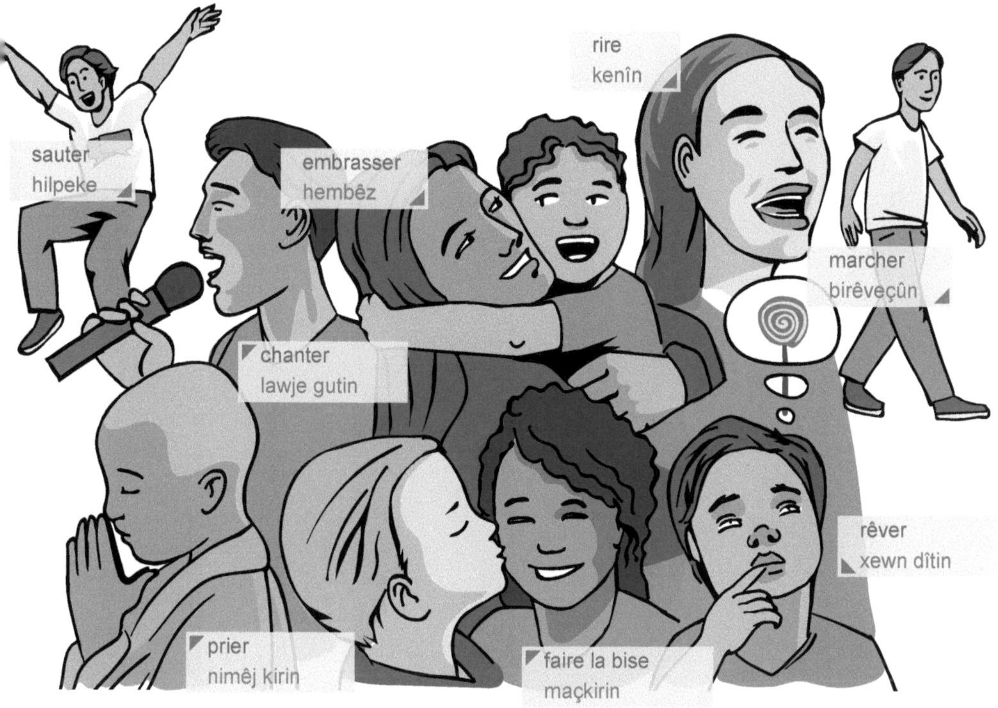

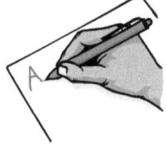

écrire
nivîsandin

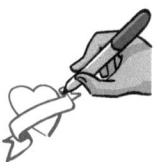

dessiner
nîgar kêşan

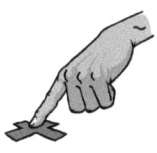

montrer
nîşan dan

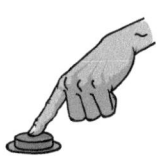

pousser
paldan

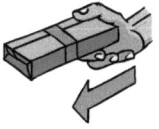

donner
dayîn

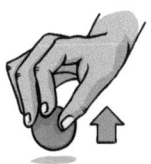

prendre
rakirin

avoir

heyîn

faire

kirin

être

bûn

être debout

sekinîn

courir

bazdan

trier

kişandin

jeter

avêtin

tomber

ketin

être couché

derew kirin

attendre

sekinîn

porter

guhêztin

être assis

rûniştin

s'habiller

cil berkirin

dormir

razan

se réveiller

rabûn

regarder
mêze kirin

pleurer
girîn

caresser
celte

peigner
şe kirin

parler
peyvîn

comprendre
famkirin

demander
pirskirin

écouter
bihîstin

boire
vexwarin

manger
xwarin

ranger
kom kirin

aimer
hezkirin

cuire
xwarin çêkirin

conduire
ajotin

voler
firrîn

les activités - çalakiyan 65

faire de la voile

kesştîvanî

calculer

hesibandin

lire

xwandin

apprendre

hînbûn

travailler

karkirin

se marier

zewicîn

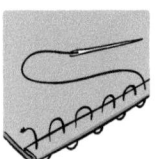

coudre

dirûtin

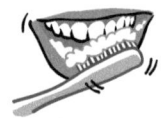

brosser les dents

didan şûtin

tuer

kuştin

fumer

dûxan

envoyer

şandin

la famille
malbat

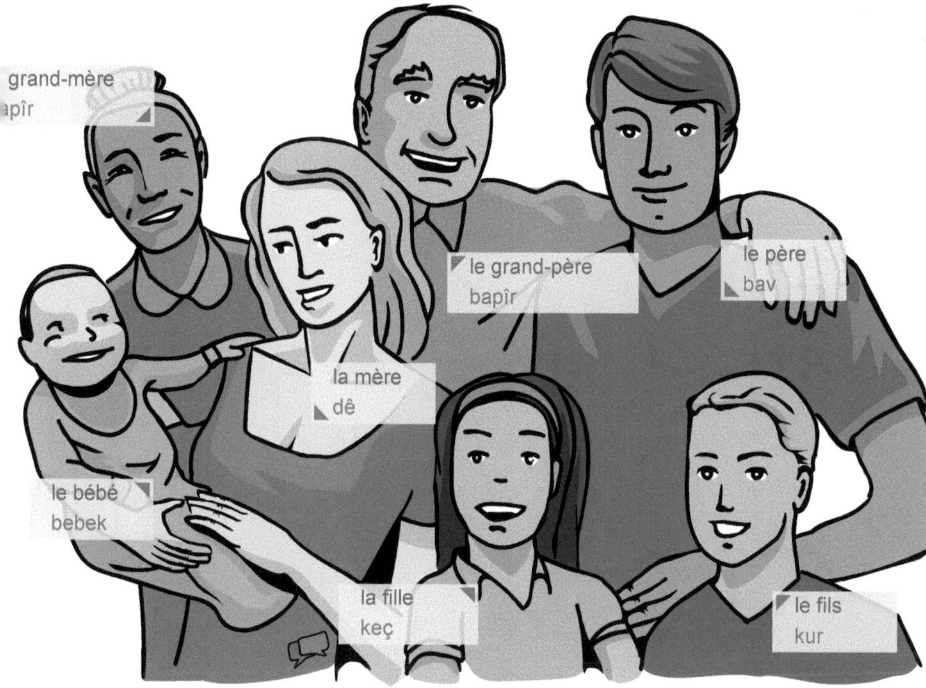
grand-mère
apîr
le grand-père
bapîr
le père
bav
la mère
dê
le bébé
bebek
la fille
keç
le fils
kur

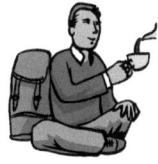

l'hôte
mêvan

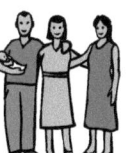

la tante
met

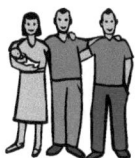

l'oncle
ap/xal

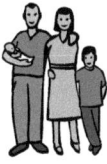

le frère
bira

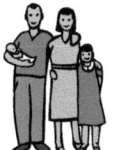

la sœur
xwişl

le corps

beden

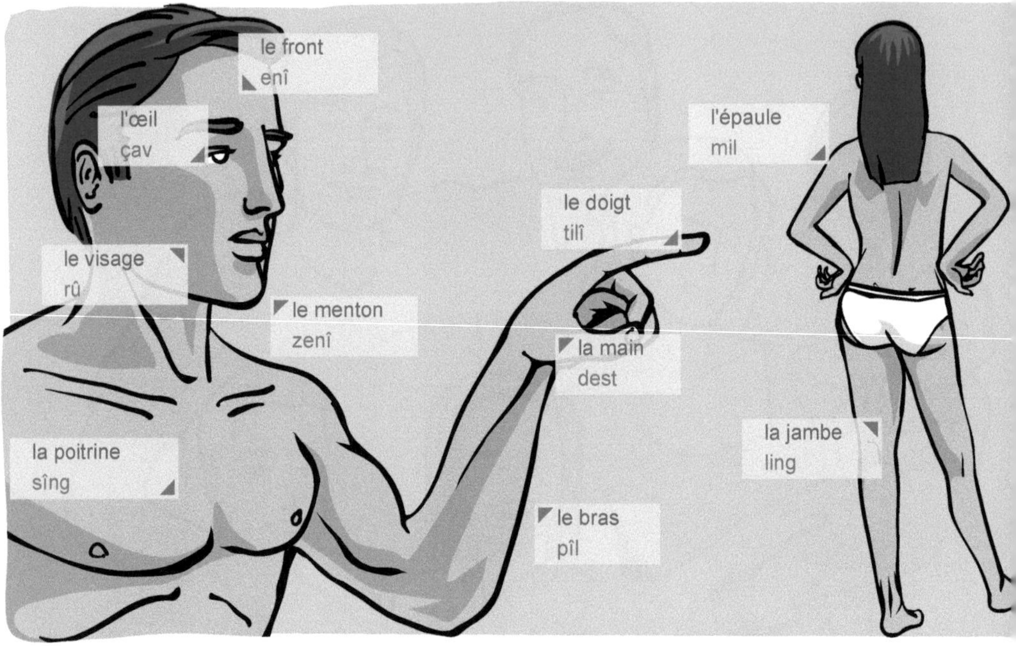
le front
enî
l'œil
çav
l'épaule
mil
le doigt
tilî
le visage
rû
le menton
zenî
la main
dest
la jambe
ling
la poitrine
sîng
le bras
pîl

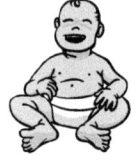

le bébé

bebek

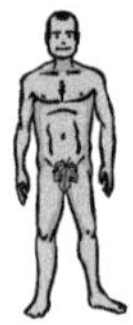

l'homme

mêr

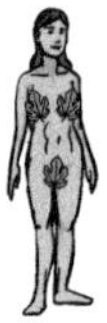

la femme

jin

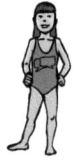

la fille

keç

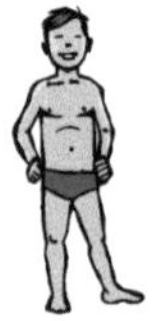

le garçon

kor

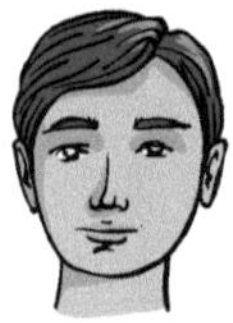

la tête

ser

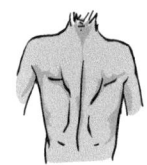

le dos

pişt

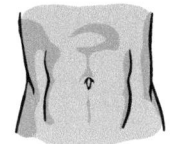

le ventre

zik

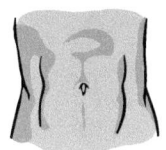

le nombril

navik

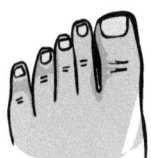

l'orteil

tilîya pê

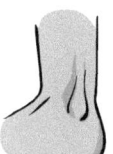

le talon

panî

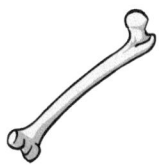

l'os

hestî

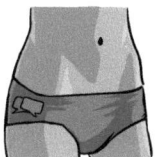

la hanche

kûlîmek

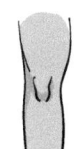

le genou

jûnî

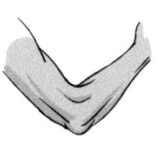

le coude

enîşk

le nez

difn

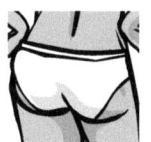

les fesses

qûn

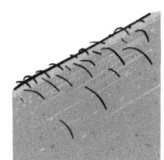

la peau

çerm

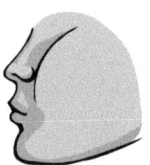

la joue

rû

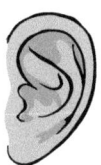

l'oreille

gûh

la lèvre

lêv

la bouche

dev

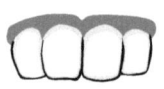

la dent

diran

la langue

ziman

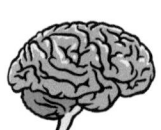

le cerveau

mêjî

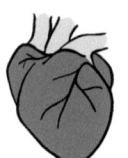

le cœur

dil

le muscle

masûl

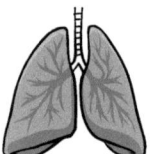

les poumons

cîgera spî

le foie

ceger

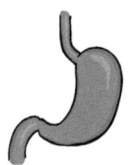

l'estomac

made

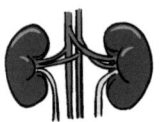

les reins

gûrçikan

le rapport sexuel

cotbûn

le préservatif

kondom

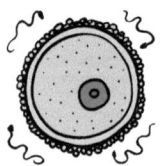

l'ovule

hêk

le sperme

tov

la grossesse

dûcanî

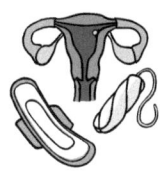

la menstruation

ade

le vagin

qûz

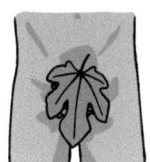

le pénis

kîr

le sourcil

birû

les cheveux

por

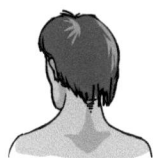

le cou

hûstû

l'hôpital
nexweşxane

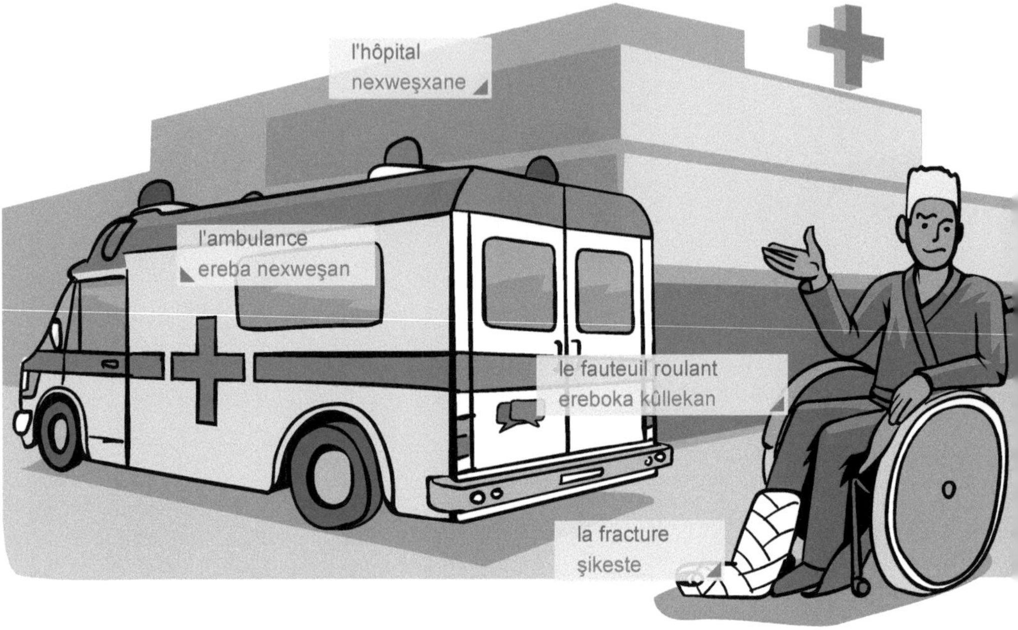

l'hôpital
nexweşxane
l'ambulance
ereba nexweşan
le fauteuil roulant
ereboka kûllekan
la fracture
şikeste

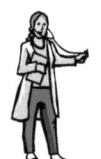

le médecin

bijîşk

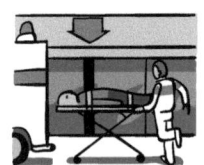

le service des urgences

oda lezgînê

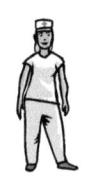

l'infirmière

nexweşyar

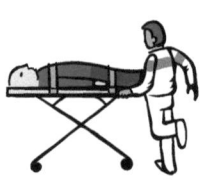

l'urgence

acîlîyet

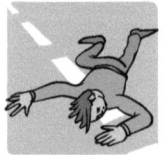

inconscient

bêhay

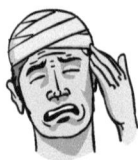

la douleur

êş

la blessure

birîn

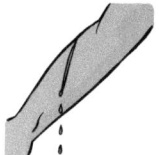

l'hémorragie

xwînpijan

la crise cardiaque

hêrişa dilî

l'attaque cérébrale

celte

l'allergie

alerjî

la toux

kuxik

la fièvre

ta

la grippe

zikam

la diarrhée

navçûyin

le mal de tête

serêş

le cancer

qansêr

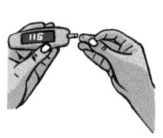

le diabète

nexweşiya şekirê

le chirurgien

emelîkar

le scalpel

skalpêl

l'opération

emelî

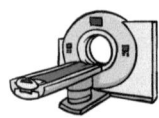

le CT

CT

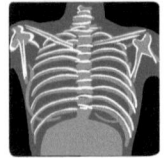

la radiographie

sûretê rontgên

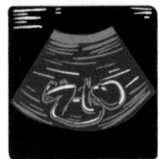

l'échographie

ûltrasawnd

le masque

maskê rûyê

la maladie

nexweşî

la salle d'attente

oda sekinînê

la béquille

goçan

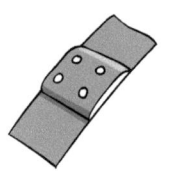

le pansement

şêl

le pansement

paçê birînpêçanê

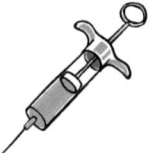

l'injection

derzî

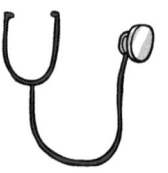

le stéthoscope

bîstoka pizîşkî

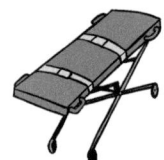

le brancard

darbest

le thermomètre

têhnpîva klînîkê

l'accouchement

zayîn

la surcharge pondérale

qelew

l'appareil auditif

alîkariya bihîstinê

le désinfectant

bakterîkuj

l'infection

kotîbûn

le virus

vîrûs

le VIH / le sida

HIV / AIDS

le médicament

derman

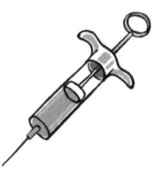

la vaccination

kutan

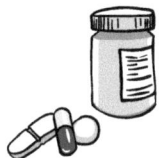

les comprimés

heban

la pilule

heb

l'appel d'urgence

lezgîn

le tensiomètre

dîmenderê pesto xwîn

malade / sain

nexweş / sax

Au secours !

Hewar!

l'alarme

alarm

l'assaut

êrîş

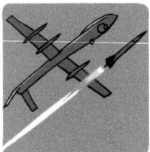

l'attaque

êrîşkirin

le danger

talûk

la sortie de secours

derketina acil

Au feu!

agir!

l'extincteur

agir vemirandinê

l'accident

qeza

la trousse de premier
secours

aletên alîkariya yekem

SOS

SOS

la police

polîs

l'Europe

Ewropa

l'Amérique du Nord

Amerîkaya Bakûr

l'Amérique du Sud

Amerîkaya Başûr

l'Afrique

Afrîka

l'Asie

Asya

l'Australie

Awustralya

l'Océan atlantique

Atlantîk

l'Océan pacifique

Okyanûsa Mezin

l'Océan indien

Okyanûsa Hindî

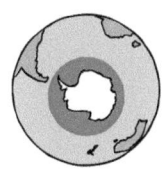

l'Océan antarctique

Okyanûsa Antarktîka

l'Océan arctique

Okyanûsa Arktîk

le Pôle nord

Cemsera Bakûr

le Pôle sud

Cemsera Başûr

l'Antarctique

Antarktîka

la terre

erd

le pays

ax

la mer

behir

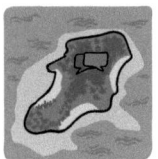

l'île

dûrge

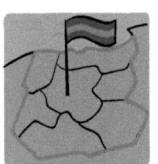

la nation

milllet

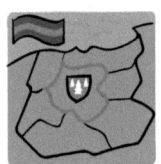

l'état

welat

le cadran

rûyê saet

l'aiguille des heures

nişanderka demjimêr

l'aiguille des minutes

nişanderka deqe

l'aiguille des secondes

nişanderka saniye

Quelle heure est-il ?

Seet çende?

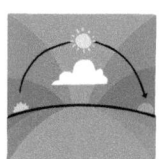

le jour

roj

le temps

dem

maintenant

niha

la montre digitale

saetê dicîtal

la minute

deqe

l'heure

seet

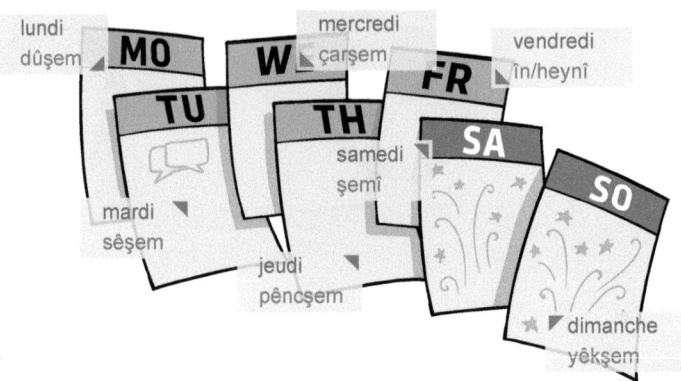

lundi
dûşem

mercredi
çarşem

vendredi
în/heynî

samedi
şemî

mardi
sêşem

jeudi
pêncşem

dimanche
yêkşem

hier

duh

aujourd'hui

îro

demain

sibey

le matin

sibe

le midi

nîvro

le soir

êvar

MO	TU	WE	TH	FR	SA	SU
1	2	3	4	5	6	7
8	9	10	11	12	13	14
15	16	17	18	19	20	21
22	23	24	25	26	27	28
29	30	31	1	2	3	4

les jours ouvrables

rojên karê

MO	TU	WE	TH	FR	SA	SU
1	2	3	4	5	6	7
8	9	10	11	12	13	14
15	16	17	18	19	20	21
22	23	24	25	26	27	28
29	30	31	1	2	3	4

le week-end

dawiya hefte

l'année

sal

la pluie
baran
l'arc-en-ciel
keskesor
la neige
befir
le vent
ba
le printemps
bihar
l'automne
payîz
l'été
havîn
l'hiver
zivistan

4.APRIL 11°
5.APRIL 4°
6.APRIL 13°
7.APRIL 8°
8.APRIL 10°

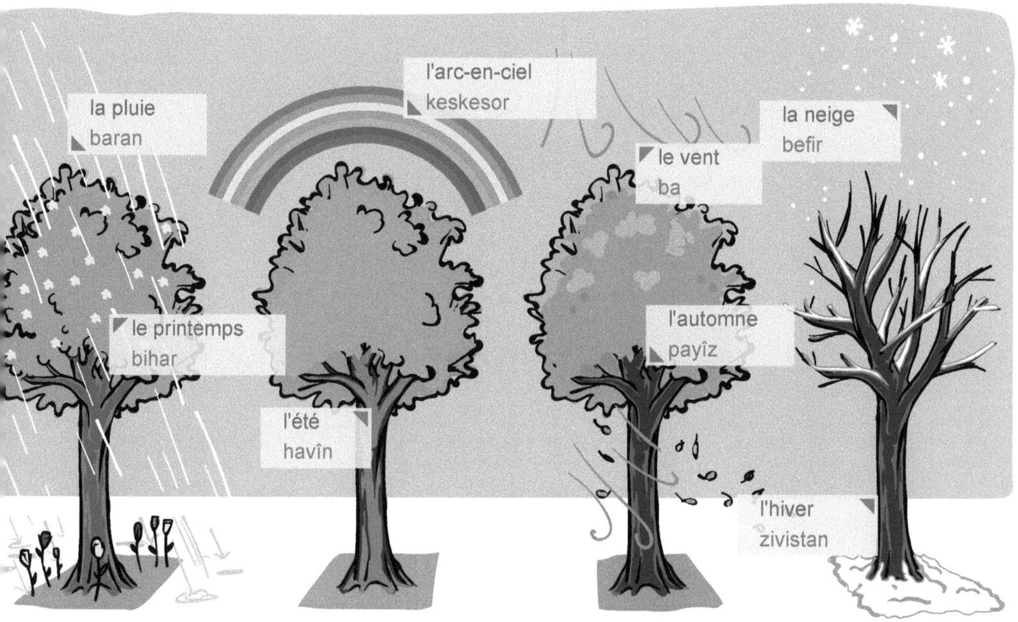

la météo

pêşbîniya hewa

F C
120 40
90 30
60 20
30 10
0 0
-30 -10
-20

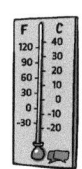

le thermomètre

tehnpîv

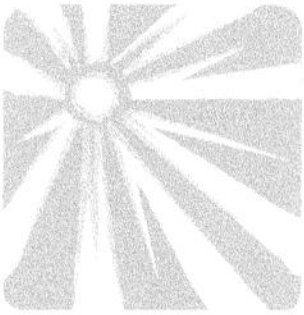

la lumière du soleil

tav

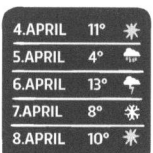

le nuage

hewr

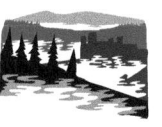

le brouillard

mij

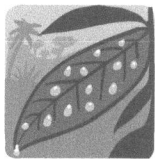

l'humidité

hêmî

la foudre

birq

la tonnerre

brûsk

la tempête

tofan

la grêle

terg

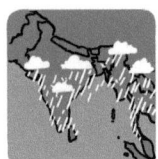

la mousson

mansûn

l'inondation

lehî

la glace

cemed

janvier

rêbendan

février

reşeme

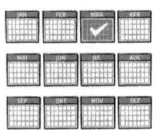

mars

newroz

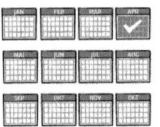

avril

gulan

mai

cozerdan

juin

pûşper

juillet

gelawêj

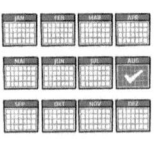

août

xermanan

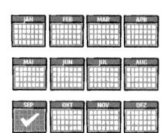

septembre
....
rezber

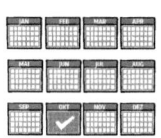

octobre
....
kewçêr

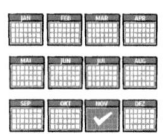

novembre
....
sermawez

décembre
....
befranbar

le cercle
....
çember

le carré
....
çarçik

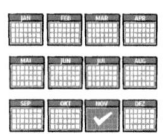

le rectangle
....
çarqozî

le triangle
....
sêqozî

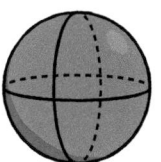

la sphère
....
qada

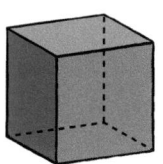

le cube
....
xiştek

blanc

sipî

jaune

zer

orange

pirteqalî

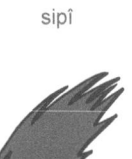

rose

pembe

rouge

sor

violet

mor

bleu

şîn

vert

kesik

marron

qehweyî

gris

gewr

noir

reş

beaucoup / peu

zor / kêm

fâché / calme

bi hêrs / bêdeng

joli / laid

bedew / nerind

le début / la fin

destpêk / dawî

grand / petit

mezin / biçûk

clair / obscure

ronî / tarî

frère / soeur

brak / xwişk

propre / sale

pagij / girêj

complet / incomplet

tevî / netemam

le jour / la nuit

roj / şev

mort / vivant

mirî / zindî

large / étroit

fire / teng

comestible / incomestible

xweş / nexweş

méchant / gentil

nebaş / baş

excité / ennuyé

bi heyecan / aciz

gros / mince

qelew / zirav

le premier / le dernier

yekemîn / dawîn

l'ami / l'ennemi

heval / dijmin

plein / vide

tijî / vala

dur / souple

req / nerm

lourd / léger

giran / sivik

faim / soif

birçî / tînî

malade / sain

nexweş / sax

illégal / légal

neqanûnî / qanûnî

intelligent / stupide

rewşenbîr / balûle

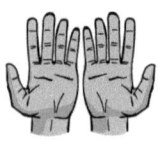

gauche / droite

çep / rast

proche / loin

nêzî / dûr

nouveau / usé
nû / bikarhatî

rien / quelque chose
hîç / tiştek

vieux / jeune
kal / ciwan

marche / arrêt
li / ji

ouvert / fermé
vekirî / girtî

faible / fort
aram / dengbilind

riche / pauvre
dewlemend / reben

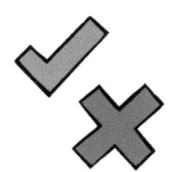

correct / incorrect
rast / şaş

rugueux / lisse
dirr / hilû

triste / heureux
xemgîn / şa

court / long
kurt / dirêj

lent / rapide
hêdî / zû

mouillé / sec
şil / ziwa

chaud / froid
germ / hênik

la guerre / la paix
şerr / aşitî

0

zéro

sifir

1

un / une

yek

2

deux

dû

3

trois

sê

4

quatre

çar

5

cinq

pênc

6

six

şeş

7

sept

heft

8

huit

heşt

9

neuf

neh

10

dix

deh

11

onze

yazde

12

douze

dazde

13

treize

sêzde

14

quatorze

çarde

15

quinze

pazde

16

seize

şazde

17

dix-sept

hefde

18

dix-huit

hejde

19

dix-neuf

nozdeh

20

vingt

bîst

100

cent

sed

1.000

mille

hezar

1.000.000

le million

milyon

l'anglais

Inglîzî

l'anglais américain

Inglîziya Amerîkî

le chinois mandarin

Çînî Mandarîn

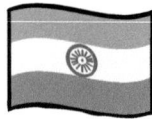

le hindi

Hindî

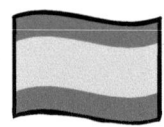

l'espagnol

Îspanyolî

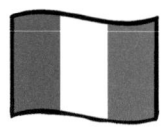

le français

Frensî

l'arabe

Erebî

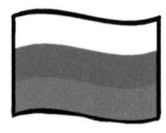

le russe

Rûsî

le portugais

Portugalî

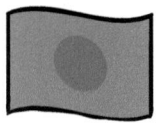

le bengali

Bengalî

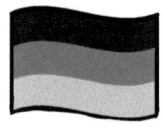

l'allemand

Elmanî

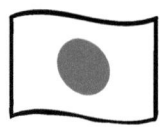

le japonais

Japonî

je
....
min

tu
....
tu

il / elle / ce, c', cela
....
ew / ev / ew

nous
....
em

vous
....
tu

ils / elles
....
ew

Qui ?
....
kî?

Quoi ?
....
çi?

Comment ?
....
çawa?

Où ?
....
kû?

Quand ?
....
kengî?

le nom
....
nav

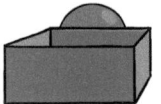

derrière

piştî

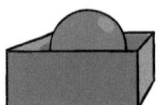

dans

li

devant

pêşî

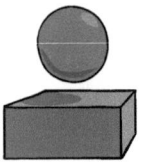

au-dessus

ser

sur

ser

en-dessous

bin

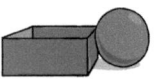

à côté de

kêlek

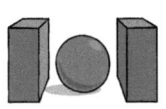

entre

navber

le lieu

cih